Secretos del mar

BLUME

Título original *Secrets of the Sea*

Traducción y coordinación de la edición en lengua española
Cristina Rodríguez Fischer

Primera edición en lengua española 2021
Reimpresión 2023, 2024

© 2021 Naturart, S.A. Editado por BLUME
Carrer de les Alberes, 52, 2.º, Vallvidrera
08017 Barcelona
Tel. 93 205 40 00 e-mail: info@blume.net
© 2021 Batsford, Londres
© 2021 de las ilustraciones Millie Marotta

ISBN: 978-84-18725-51-7
Depósito legal: B.10520-2021
Impreso en China

WWW.BLUME.NET

Millie Marotta

Secretos del mar

una aventura para colorear

BLUME

Introducción

Cuando pienso en el mar, lo primero que me viene a la mente es su asombrosa variedad de vida silvestre. Los océanos, que abarcan cerca de tres cuartas partes de la superficie terrestre, dan lugar al hábitat más grande de nuestro planeta. Desde las profundidades del lecho marino hasta los cielos que se hallan sobre las olas, los océanos albergan la mayor diversidad de la vida en la Tierra, del plancton microscópico más diminuto a la gigantesca ballena azul. Es posible encontrar vida incluso en las fosas oceánicas más profundas y oscuras. A medida que las mareas suben y bajan, y se crean y rompen las olas, las pequeñas criaturas con conchas se escabullen por el fondo del mar, el plancton se desplaza a merced de las corrientes, las ballenas y los peces deambulan en libertad en aguas abiertas y las aves marinas se zambullen para extraer su alimento del agua.

Sin embargo, cuando pienso en esta asombrosa variedad de vida, lo siguiente que me viene a la mente es lo amenazada que se encuentra. Siento la urgencia con la que debemos limpiar nuestros mares y salvaguardar un futuro para esa vida silvestre. Vivo junto al mar y casi cada día camino por la playa o a lo largo de la costa. ¡Nada despeja la mente de mejor manera que la brisa marina de Gales! Además, mi perra cree que es mitad anfibio, por lo que limitar sus paseos a la tierra firme resulta difícil. Estos paseos cambian de un día al siguiente: el clima, la luz y la vida silvestre son distintos en cada ocasión. No obstante, lo que se ha convertido en una constante no deseada es la cantidad de basura y escombros que ensucian la costa. Bolsas de plástico, hilo de pesca, botellas, chanclas, pajitas, juguetes, latas de bebidas y mucho más han conseguido labrarse su camino hasta la playa tras haber sido arrastrados por las corrientes o durante las tormentas. Toda esta basura es una gran amenaza para la fauna marina. Y, si bien se lleva a cabo una extraordinaria labor para proteger y preservar los océanos del mundo, su salud está cada vez más amenazada, al igual que los animales que viven en ellos y en su entorno.

Desde las cálidas temperaturas del agua del mar del sur de China hasta las gélidas aguas de la costa de la Antártida, del colorido espectáculo del arrecife de Ningaloo a las salvajes aguas de Gales, las asombrosas criaturas de los diferentes mares del mundo han despertado mi curiosidad durante años. El mar es un entorno que me es familiar y forma parte de mi vida diaria. Por eso, estoy encantada de presentar este libro sobre la maravillosa vida marina, una celebración de las especies a veces extrañas pero siempre extraordinarias, cuyo hogar se halla en nuestros océanos.

Sumérjase en un mundo de bosques de algas marinas que se mecen, deslumbrantes arrecifes de coral, olas que rompen y aguas profundas y oscuras para explorar un mundo vibrante de colores, patrones y texturas. Desde los delicados tonos de *Porpita porpita* (botón azul) hasta el atrevido patrón geométrico de *Iconaster longimanus* (estrella del icono), del rosa y los grises suaves de las conchas marinas al fascinante espectáculo de luces de la sepia que cambia de color, deje volar su creatividad mientras da vida a estas criaturas a través del color.

Encontrará mamíferos, como focas y nutrias marinas, que entran y salen del agua. Conozca cangrejos, estrellas de mar y caracoles que se arrastran y se deslizan por el lecho marino. Maravíllese con los delfines, las ballenas y los innumerables peces que surcan aguas abiertas con velocidad y gracia, y disfrute de las aves marinas que vuelan y se zambullen, se sumergen y bucean.

Elegir qué especies incluir en *Secretos del mar* no fue tarea fácil; podría haber llenado el libro tres veces. Pero finalmente me decidí por una colección que espero que le resulte fascinante y atractiva, desde el alca, pequeño y encantador, hasta la poderosa ballena jorobada, del dulce manatí a los gregarios leones marinos, y de los místicos dragones de agua hasta el cómico frailecillo atlántico.

Una cosa que disfruto al crear estos libros es que puedo combinar mis dos pasiones, el arte y la naturaleza. Me ha encantado saber que muchos de mis lectores no solo se deleitan en colorear las ilustraciones, sino que también disfrutan aprendiendo más sobre las criaturas que he dibujado. Para aquellos a los que les guste conocer los verdaderos colores de los animales o tengan curiosidad por descubrir más sobre ellos, encontrarán una lista de especies al final del libro, donde también hallarán páginas de prueba para probar sus gamas cromáticas y materiales. Y, como siempre, existe la oportunidad de incrementar aún más su creatividad añadiendo dibujos y adornos propios a sus obras de arte.

Las actividades que implican usar y hacer cosas con las manos, como colorear, se han considerado durante mucho tiempo una excelente manera de cuidar su bienestar mental. Y lo mismo se ha dicho sobre sumergirse en la naturaleza. Así pues, ya sea que saque sus colores para dar lugar a una explosión creativa o bien para una escapada terapéutica, con *Secretos del mar* le invito a deleitarse con la genialidad de nuestro mundo natural. Disfrute de un poco de felicidad mientras da rienda suelta a su creatividad.

Ahora, sin más preámbulos, sumérjase y explore los grandes océanos del mundo. Aporte riqueza a estos mares secretos con el uso del color: le espera una aventura en el océano.

Millie Marotta

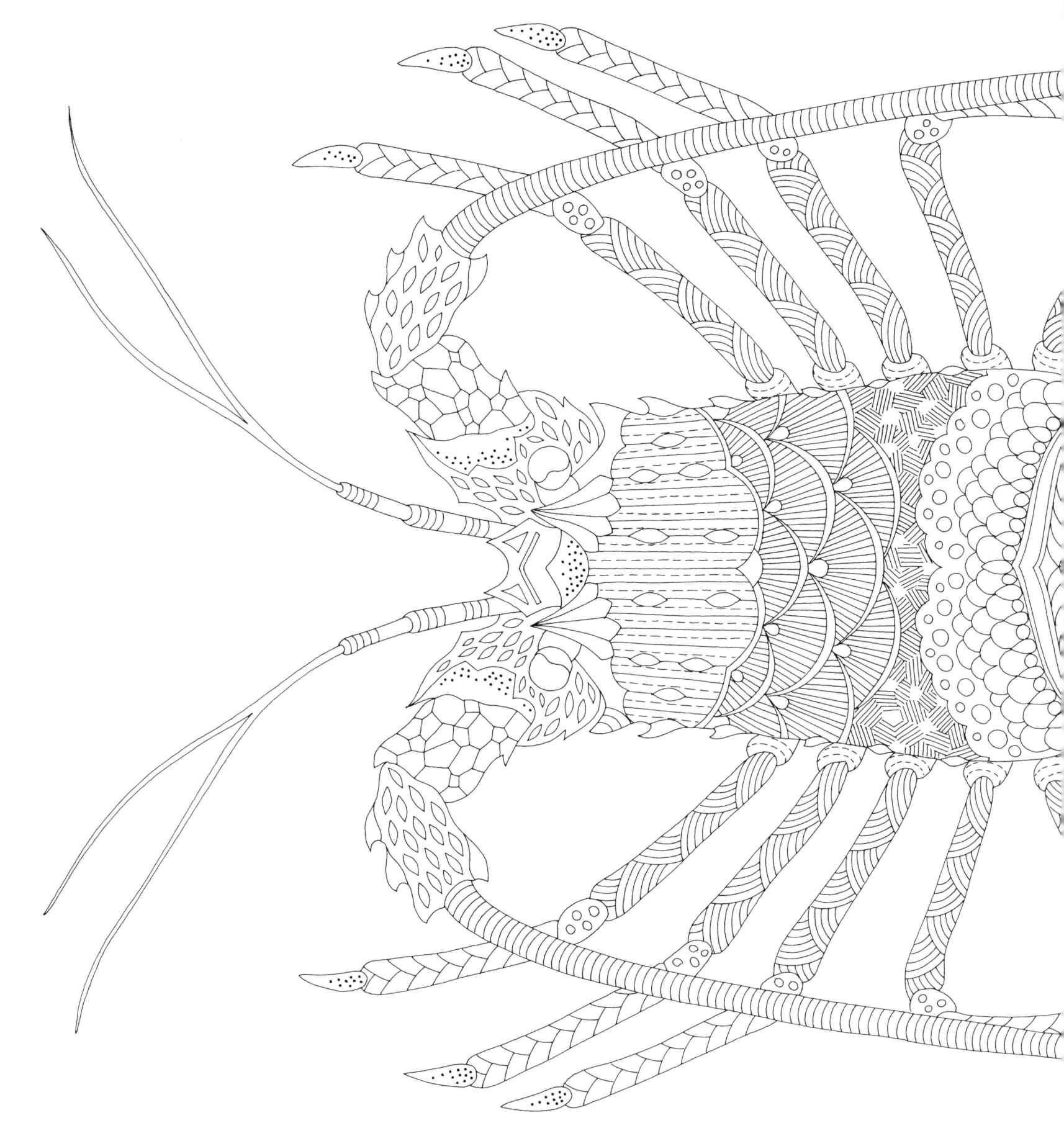

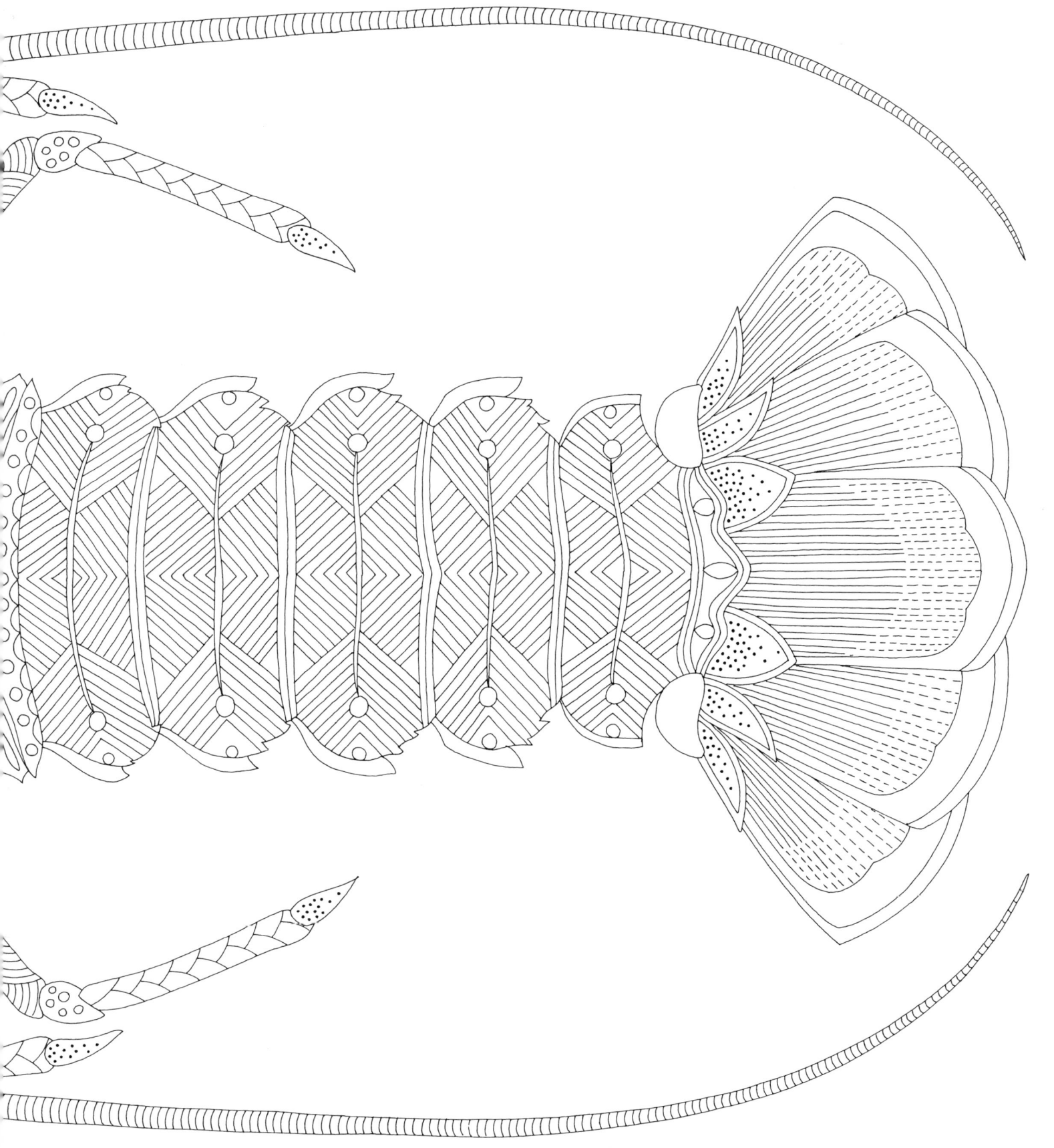

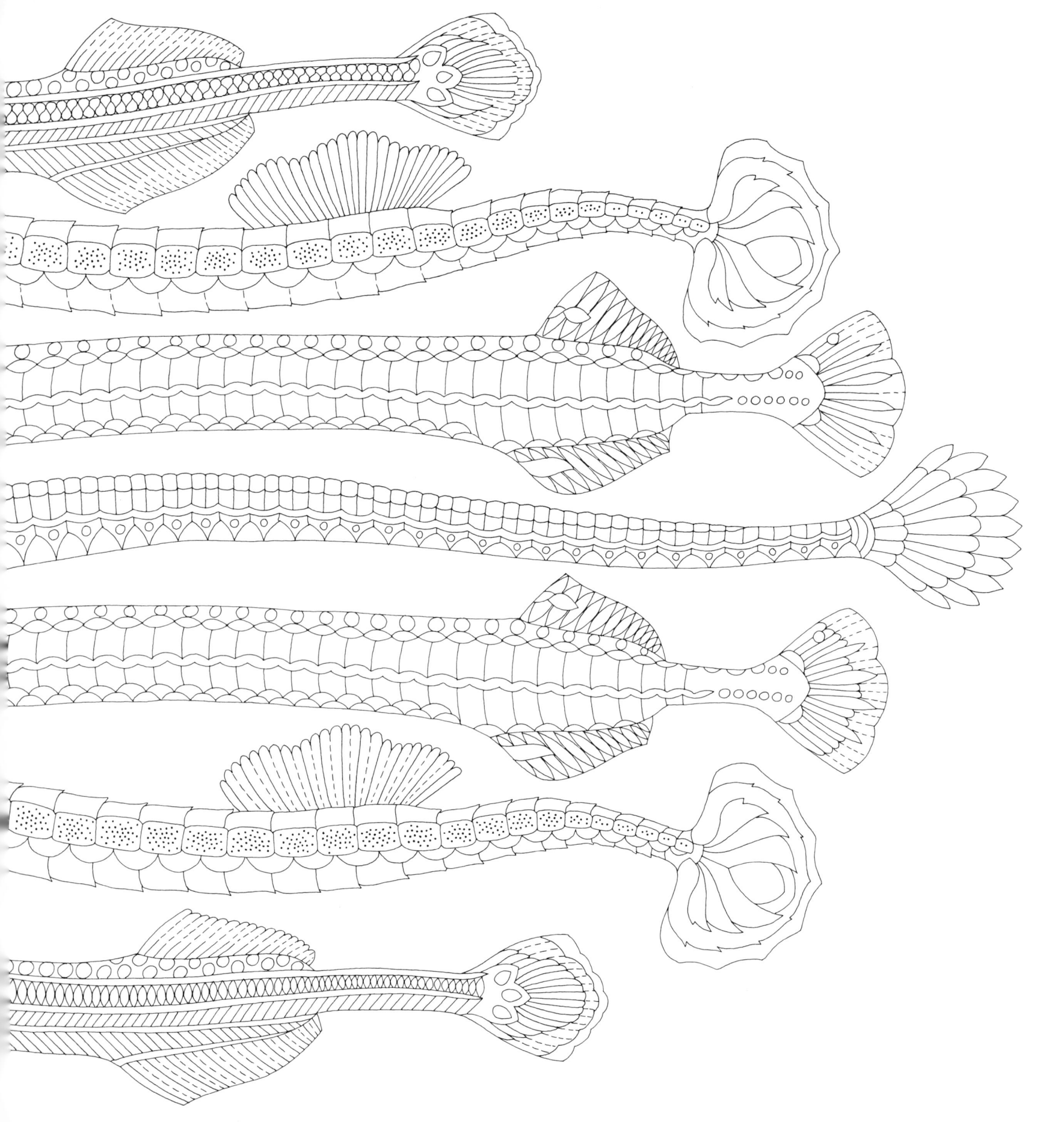

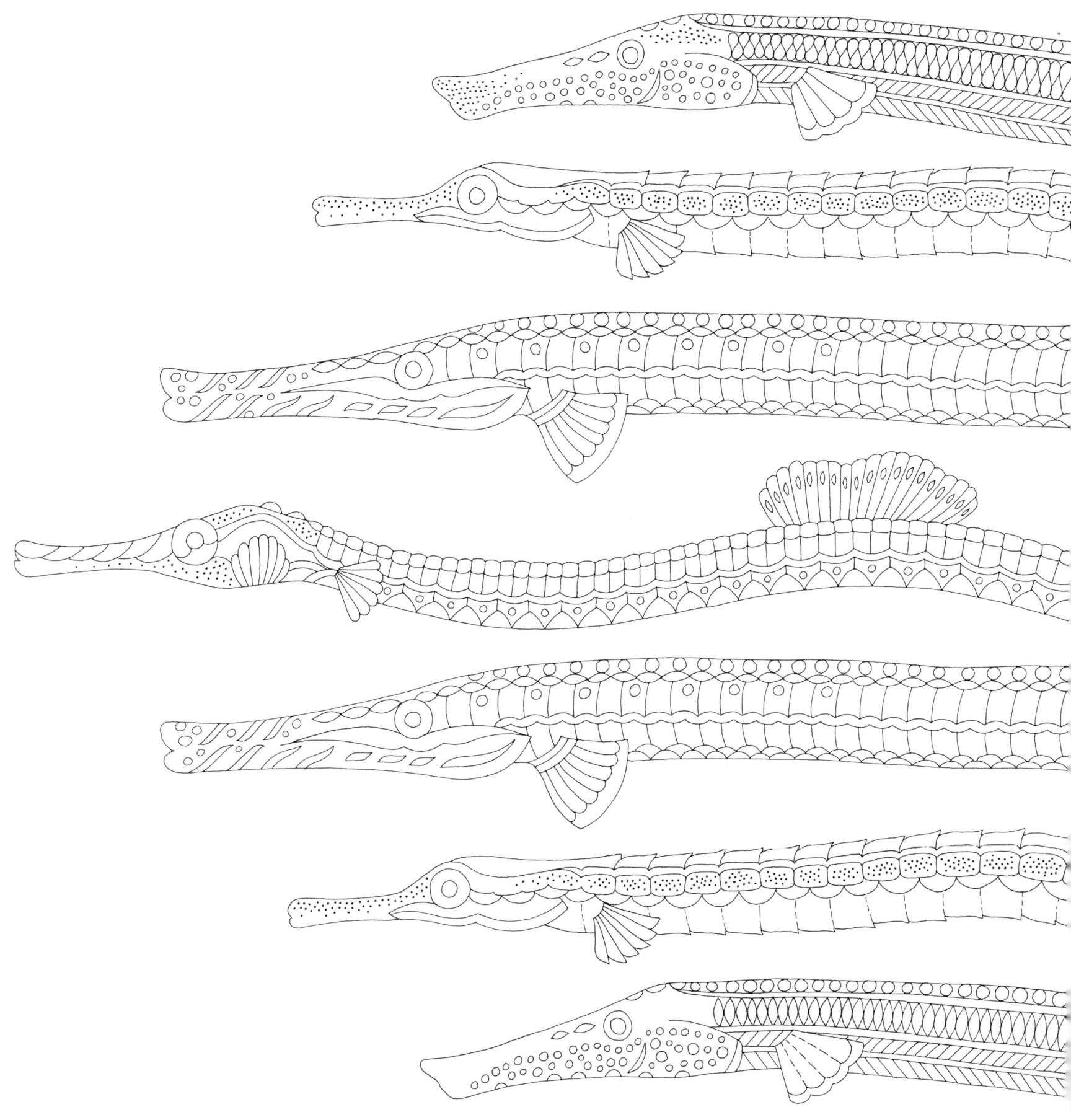

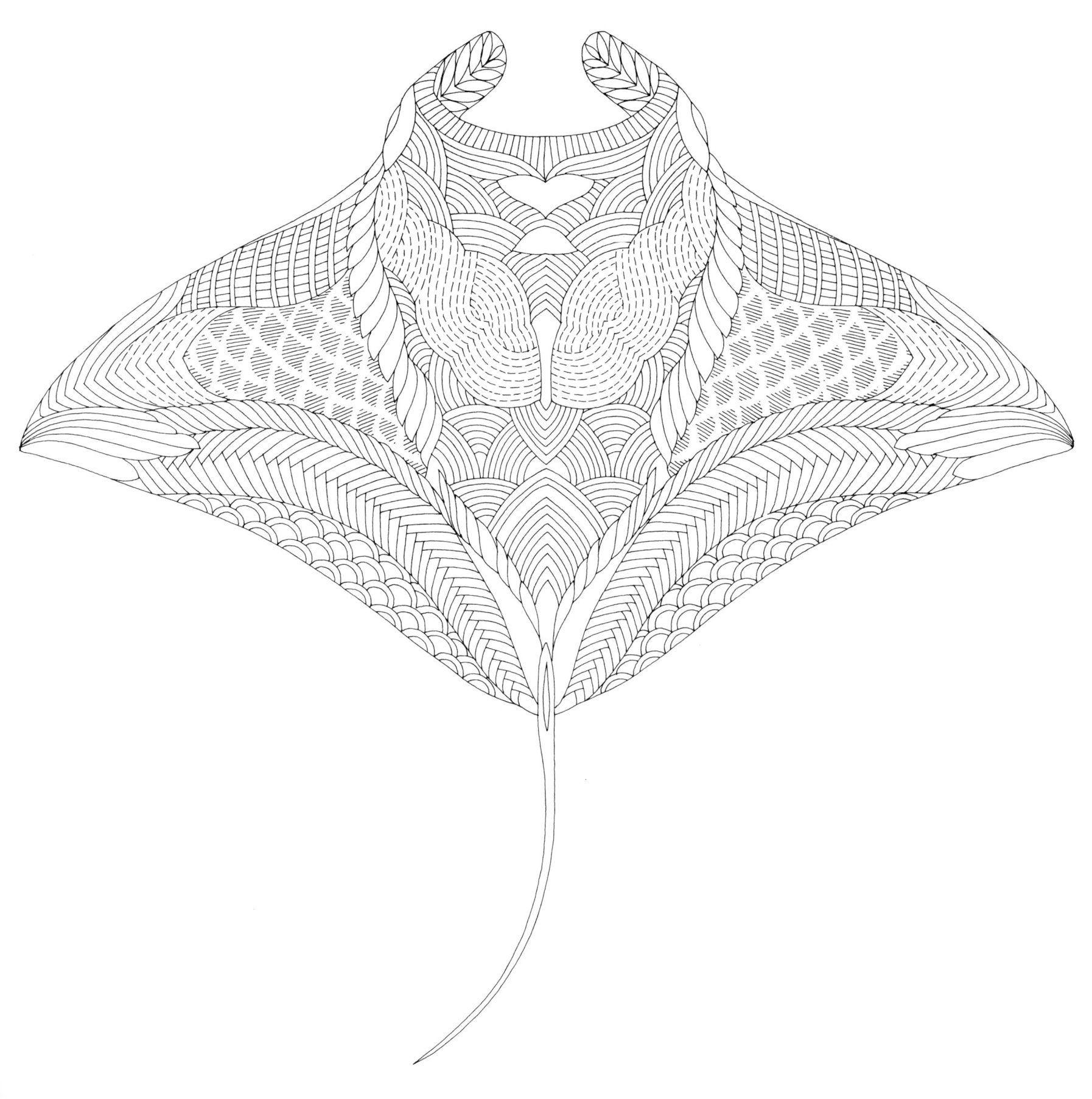

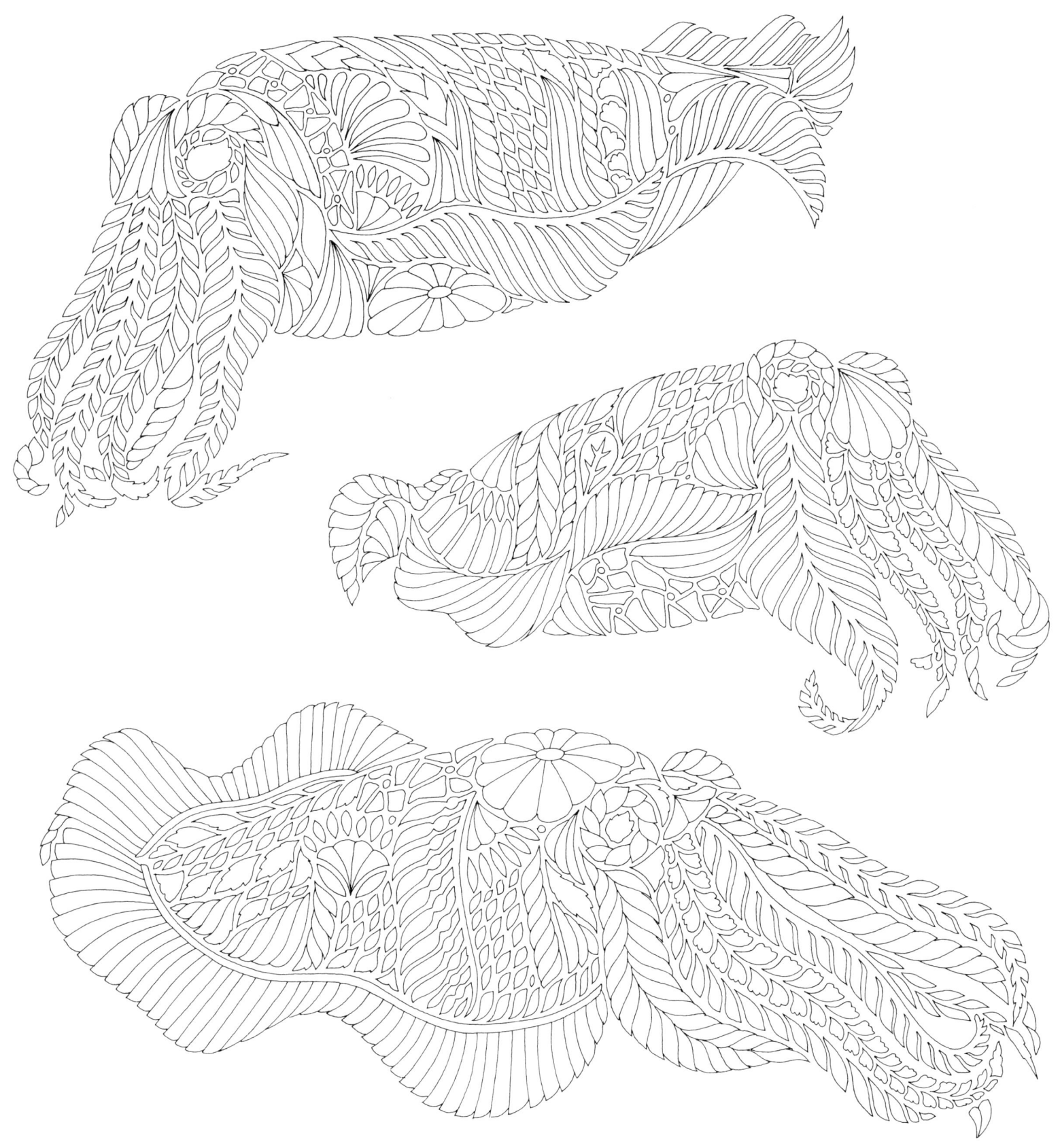

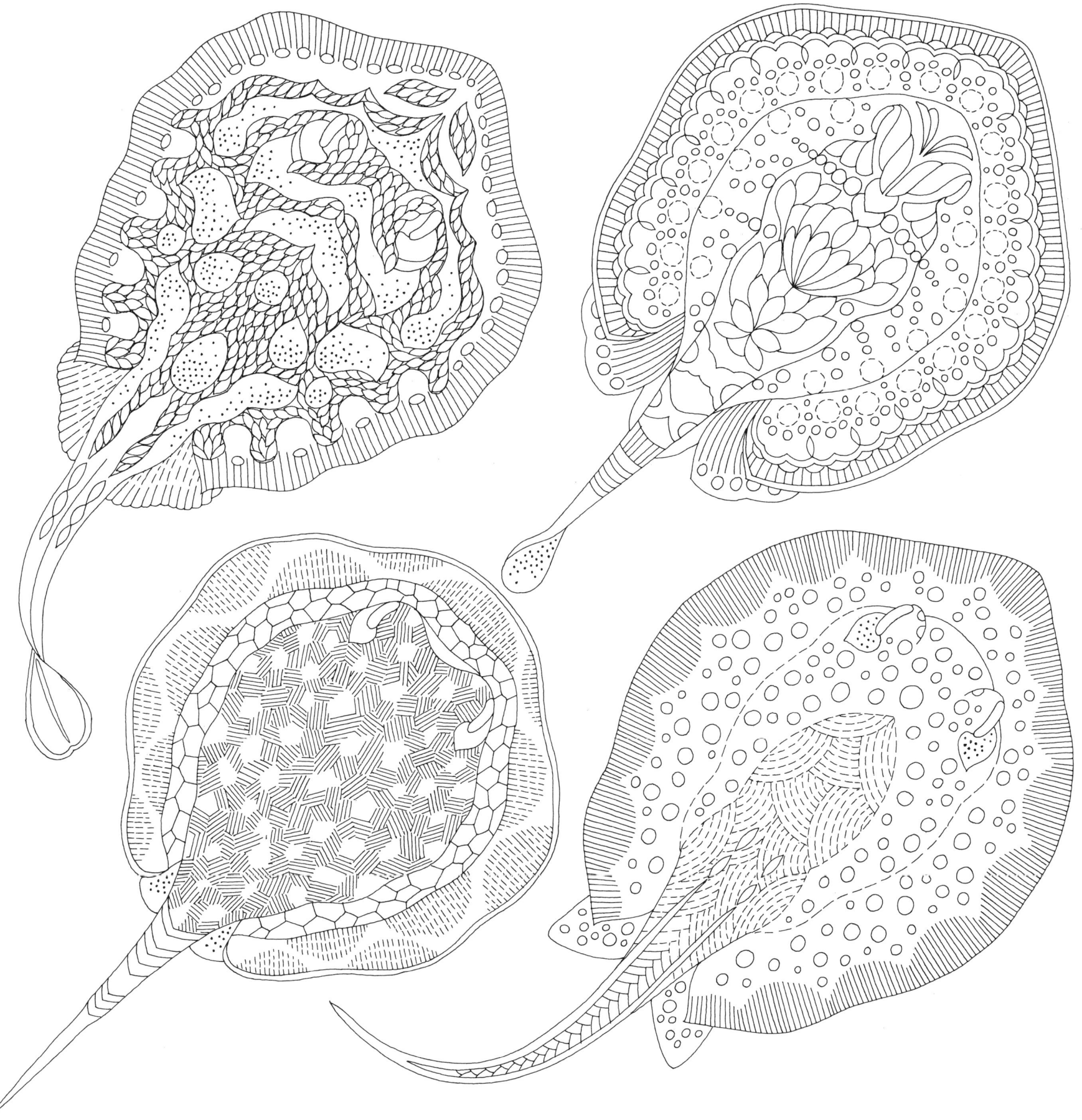

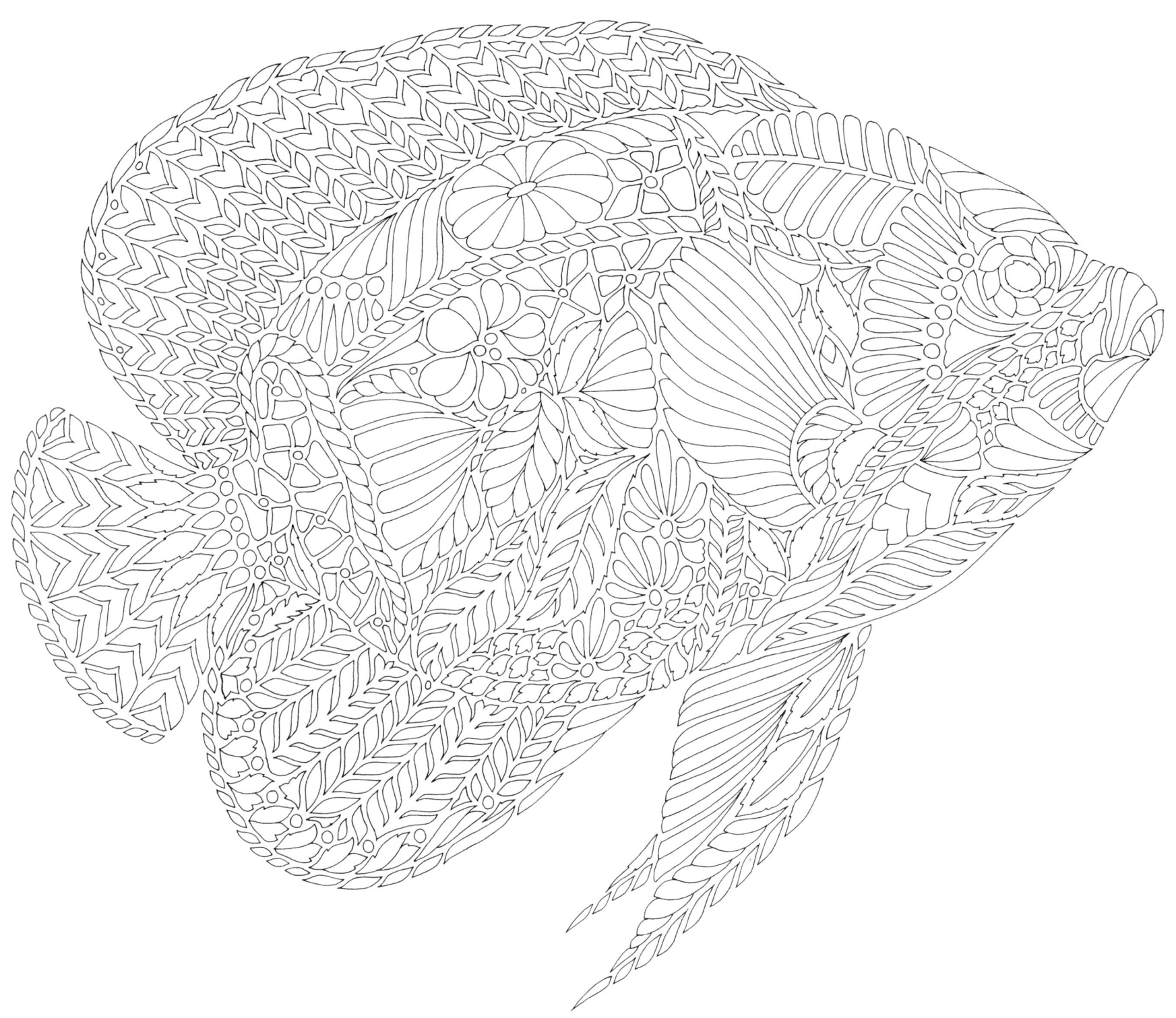

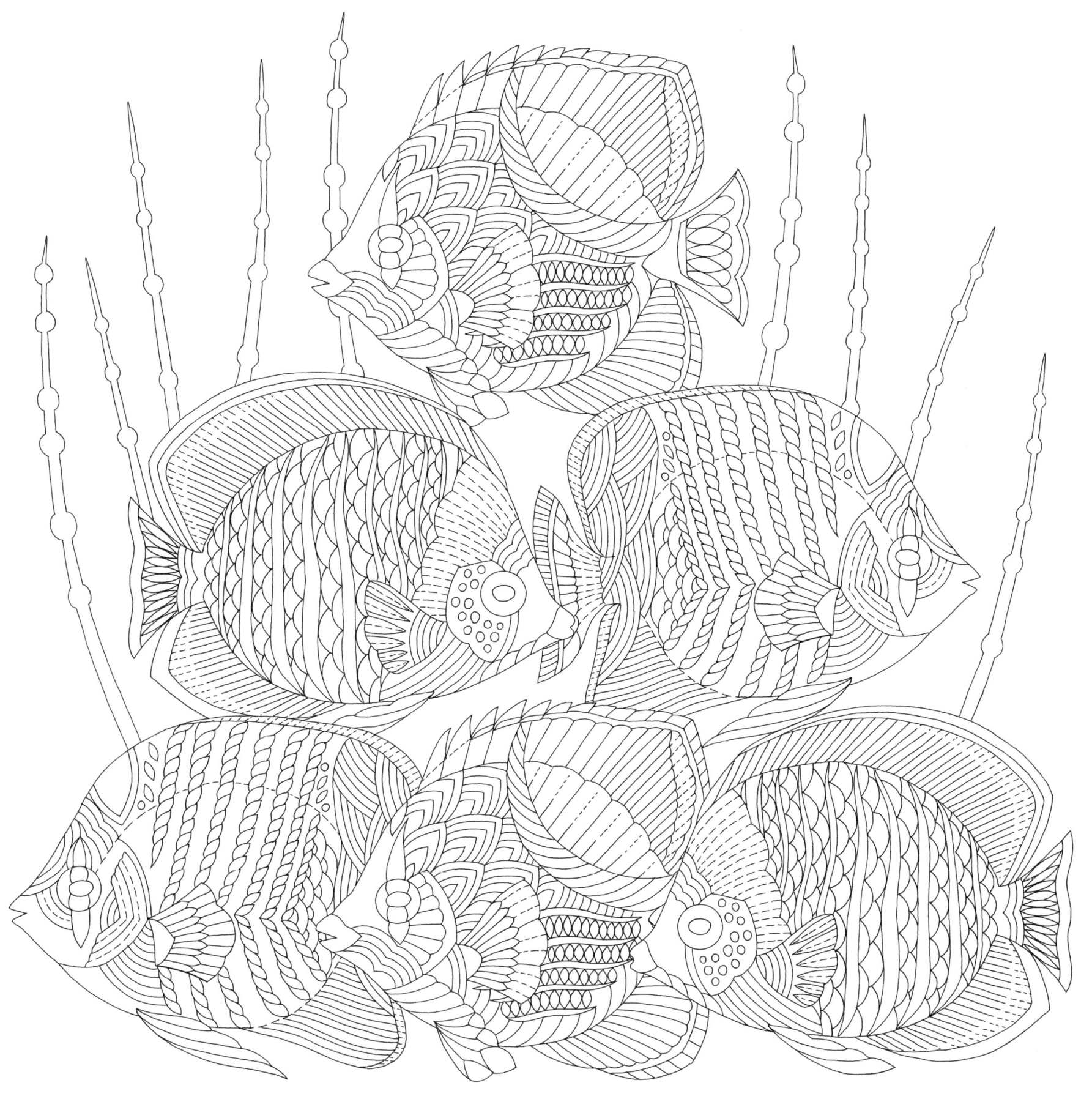

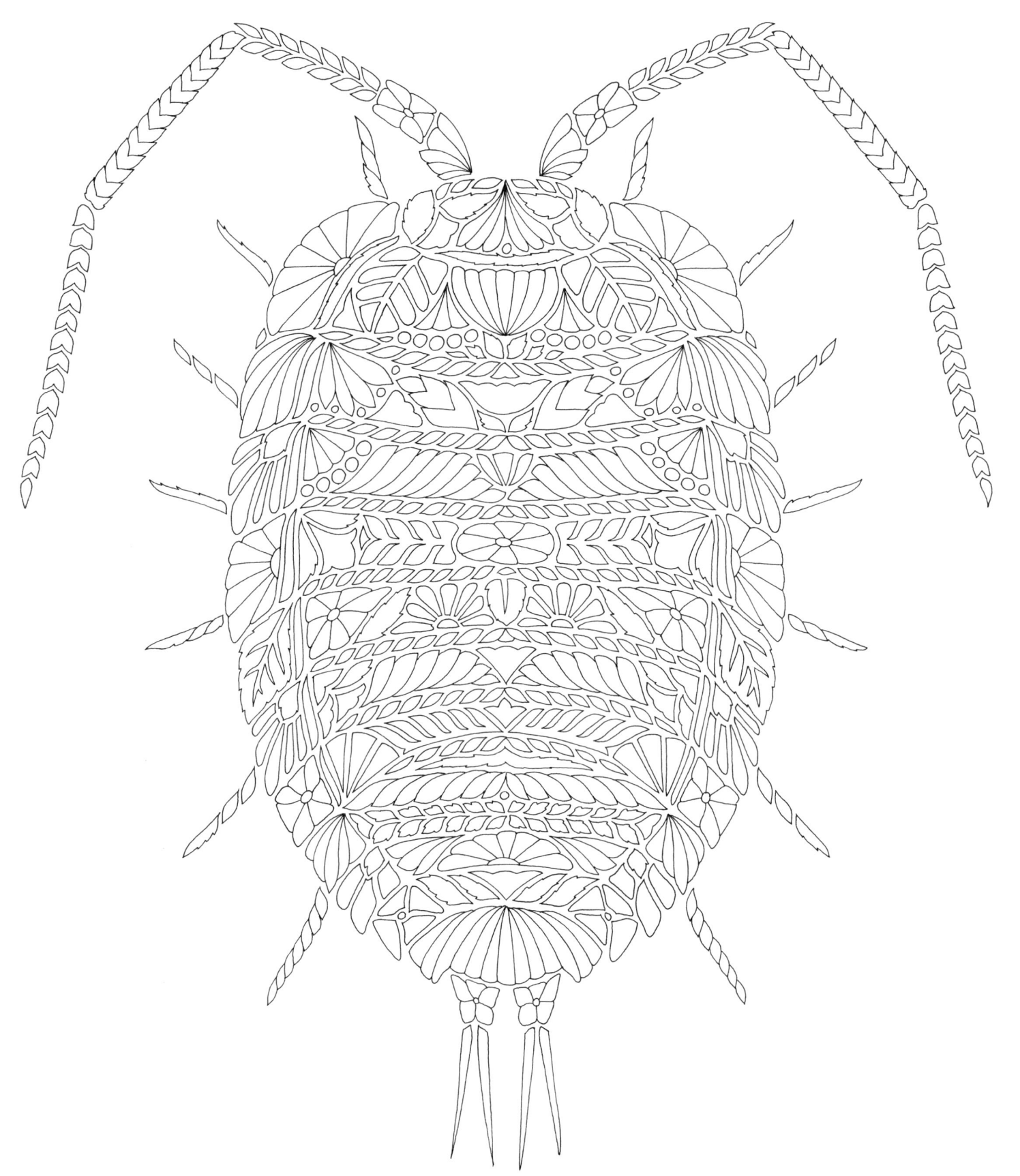

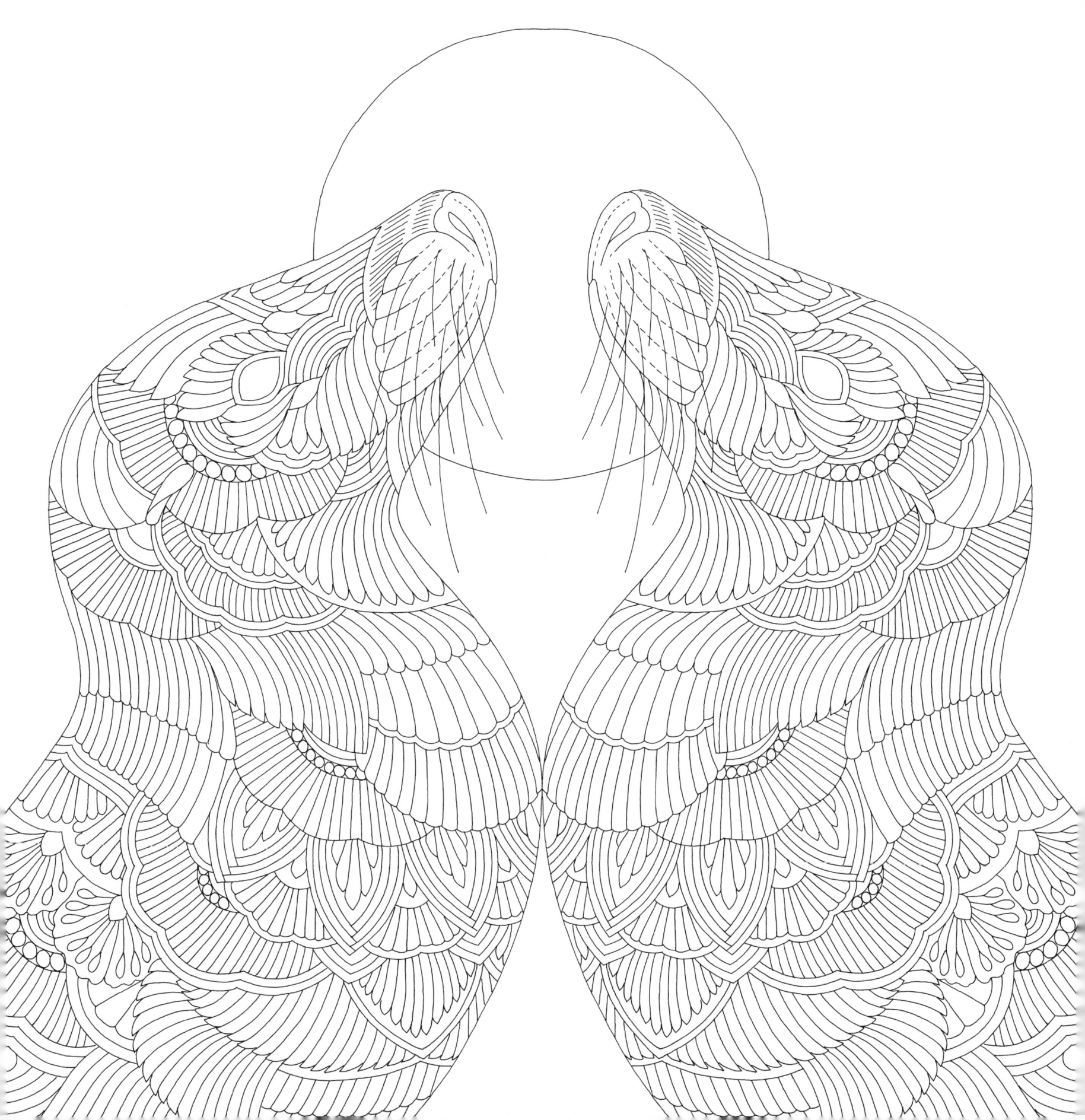

Relación de criaturas

En orden de aparición

Yubarta o ballena jorobada
(*Megaptera novaeangliae*)

Lábrido de aleta amarilla
(*Cirrhilabrus ryukyuensis*)

Concha de vieira (de la familia
de los pectínidos)

Tortuga carey (*Eretmochelys imbricata*)

Delfín común oceánico
(*Delphinus delphis*)

Pelícano peruano (*Pelecanus thagus*)

Sastre negro (*Galathea squamifera*)

Corales blandos (alcionáceos)

Cormorán moñudo
(*Phalacrocorax aristotelis*)

Estrellas de mar

Estrella plana septada
(*Astropecten articulatus*)

Estrella galleta ártica
(*Ceramaster arcticus*)

Anthenea aspera

Estrella de mármol/estrella
de perla (*Fromia monilis*)

Tiburón martillo común
(*Sphyrna lewini*)

Cocodrilo marino o de agua salada
(*Crocodylus porosus*)

Peces trompeta y aguja

Pez trompeta china
(*Aulostomus chinensis*)

Pez trompeta pintada
(*Aulostomus maculatus*)

Pez aguja de banda azul
(*Doryrhamphus excisus*)

Pez aguja de pecho negro
(*Corythoichthys nigripectus*)

Alca común (*Alca torda*)

Frailecillo atlántico (*Fratercula arctica*)

Iguana marina (*Amblyrhynchus cristatus*),
cardo marino (*Eryngium maritimum*)
y medusa común (*Aurelia aurita*)

Calamar volador japonés
(*Todarodes pacificus*)

Anguilas de jardín

Espléndida anguila de jardín
(*Gorgasia preclara*)

Anguila de jardín moteada
(*Heteroconger hassi*)

Anguila de jardín de Galápagos
(*Heteroconger klausewitzi*)

Congrio jirafa (*Heteroconger
camelopardalis*)

Anguila de jardín cebra
(*Heteroconger polyzona*)

Nutria marina (*Enhydra lutris*)

Estrella del icono (*Iconaster longimanus*)

Pato arlequín (*Histrionicus histrionicus*)

Botón azul (*Porpita porpita*)

Charrán ártico (*Sterna paradisaea*)

Pingüinos de Humboldt
(*Spheniscus humboldti*)

Pulpo común o pulpo de roca
(*Octopus vulgaris*)

Plumas de aves marinas

Zarapito real (*Numenius arquata*)

Charrán ártico (*Sterna paradisaea*)

Espátula rosada (*Platalea ajaja*)

Flamenco común (*Phoenicopterus
roseus*)

Gaviota de Delaware (*Larus
delawarensis*)

Andarríos chico (*Actitis hypoleucos*)

Fumarel cariblanco (*Chlidonias
hybrida*)

Petirrojo marino septentrional
(*Prionotus carolinus*)

Mérgulo atlántico (*Alle alle*)

Manatí antillano o del Caribe
(*Trichechus manatus*)

Lobo de la Columbia Británica
(*Canis lupus columbianus*)

Manta alfredi (*Mobula alfredi*)

Anthias cola de lira roja (*Pseudanthias
flavoguttatus*)

Sepia común (*Sepia officinalis*)

Charrán inca (*Larosterna inca*)

Algas marinas

Oso polar (*Ursus maritimus*)

Haploblepharus edwardsii

Medusas

Medusa de rayas moradas
(*Chrysaora colorata*)

Medusa manchada (*Mastigias papua*)

Medusa yema de huevo (*Phacellophora camtschatica*)

Medusa bola de cañón (*Stomolophus meleagris*)

Aguamala (*Rhizostoma pulmo*)

Vaquita marina o cochito (*Phocoena sinus*)

Foca gris (*Halichoerus grypus*)

Rayas con púa

Raya amarilla (*Urobatis jamaicensis*)

Raya de arrecife (*Taeniura lymma*)

Raya redonda manchada (*Urobatis maculatus*)

Raya manchada (*Taeniura meyeni*)

Cangrejo de pepino de mar (*Lissocarcinus orbicularis*)

Conchas

Serpientes de mar

Serpiente marina amarilla (*Hydrophis platurus*)

Rito marino de labio azul (*Laticauda laticaudata*)

Serpiente marina de antifaz (*Hydrophis kingii*)

Serpiente marina elegante (*Hydrophis elegans*)

Aracana ornata

Nudibranquios (*Chromodoris colemani, Chromodoris roboi, Hypselodoris bennetti, Hypselodoris maculosa*)

Pez ángel de faja azul (*Pomacanthus navarchus*)

Flores de litoral

Viborera o chupamieles (*Echium vulgare*)

Campanilla de las dunas (*Calystegia soldanela*)

Silene uniflora

Tripolium pannonicum

Morsa (*Odobenus rosmarus*)

Narval (*Monodon monoceros*)

Erizos de mar (equinoideos), algas marinas y pintarroja (*Scyliorhinus canicula*)

Signátido o caballito de mar (*Hippocampus histrix*)

Anguila listón azul (*Rhinomuraena quaesita*)

Peces mariposa

Pez mariposa marino (*Chaetodon paucifasciatus*)

Pez mariposa enmascarado (*Chaetodon semilarvatus*)

Chaetodon ephippium

Pingüino emperador (*Aptenodytes forsteri*)

Bígaros

Bígaro áspero (*Littorina saxatilis*)

Bígaro chato (*Littorina obtusata*)

Bígaro común o caracolillo (*Littorina littorea*)

Blenia (*Emblemaria hypacanthus*) y *Pseudogobius olorum*

Cangrejos marinos

Cangrejo violinista (*Uca vocans*)

Uca tetragonon

Cangrejo violinista de patas gruesas (*Uca crassipes*)

Paraleptuca crassipes

Anémonas, erizos de mar y corales

Anémona de flor de roca (*Phymanthus crucifer*)

Erizo de Sputnik (*Phyllacanthus imperialis*)

Zoanthus sp. 'Watermelon'

Anémona gigante verde (*Anthopleura xanthogrammica*)

Cochinilla marina (*Ligia oceánica*)

Albatros de cola corta (*Phoebastria albatrus*)

Esponjas, corales y peces

Anthias cola de lira (*Pseudanthias squamipinnis*)

Esponja tubo de estufa (*Aplysina archeri*)

Coral ondulante amarillo (*Turbinaria mesenterina*)

Coral rojo (*Corallium rubrum*)

Látigo de mar (*Ellisella elongata*)

Goniopora de Yibuti (*Goniopora djiboutiensis*)

Orca (*Orcinus orca*)

Anguila europea o anguila común (*Anguilla anguilla*)

Hipocampos

Caballito de mar barrigudo (*Hippocampus abdominalis*)

Caballito de mar de hocico largo (*Hippocampus reidi*)

Caballito de mar cola de tigre (*Hippocampus comes*)

Caballito de mar estriado (*Hippocampus erectus*)

Pez ballesta payaso (*Balistoides conspicillum*)

Leones marinos de las Galápagos (*Zalophus wollebaeki*)

Plumas y lirios de mar

Pluma de mar (*Pennatula phosphorea*)

Lirio de mar (*Himerometra robustipinna*)

Dragón de mar foliado (*Phycodurus eques*)

Pruebe aquí sus gamas cromáticas y sus materiales para colorear…

También de Millie Marotta

El reino animal. Una aventura para colorear
El maravilloso mundo tropical. Una aventura para colorear
Criaturas curiosas. Una aventura para colorear
La sabana salvaje. Una aventura para colorear
Aves hermosas y otros tesoros de los árboles. Una aventura para colorear
El bosque silvestre. Una aventura para colorear

Maravillas de la vida silvestre. Las ilustraciones favoritas para colorear aventuras
Bestias brillantes. Las ilustraciones favoritas para colorear aventuras